WOCHENENDER

LÜNEBURGER HEIDE

Harburg

Heidekreis

Lüneburg

Bei aller Sorgfalt, die wir in die Recherche gesteckt haben, kann es nach Druck immer zu Änderungen oder Abweichungen kommen. Läden, Lokale und Hotels können umziehen, schließen oder zum Wunschtermin ausgebucht sein. Um auf Nummer sicher zu gehen, empfehlen wir, sich grundsätzlich möglichst im Voraus auf den Websites zu informieren.

INS LILA HINEIN ...

Wenn eine Region wie eine Pflanze heißt, die bloß ein einziges Mal im Jahr für kurze Zeit blüht: Was macht das mit dem Leben? Wie ist es dort vor und nach der lila Zeit im August und September? Für den WOCHENENDER *Lüneburger Heide* haben wir uns auf eine Rundreise durch die Lüneburger Heide begeben – vor, während und nach der Blüte.

Wir haben die Region im Dornröschenschlaf erlebt und voller Menschen. Wir haben gesehen, wie bei wunderbarem Wetter und klarem Sonnenschein die Blätter und Blüten leuchten. Wir haben Lämmer meckern hören, deren Mütter es zum ersten Mal wieder genossen, durch die Landschaft zu streifen. Schäfer:innen haben uns von der Ruhe der Heide und dem Murmeln der Bäche erzählt, Café-Betreiber:innen vom Ansturm der Tourist:innen im August und vom Nieselregen im November, wenn sich nur noch wenige Gäst:innen in die kleinen Ortschaften verirren.

Die Lüneburger Heide ist von Landwirtschaft und der Kargheit des Bodens geprägt, der die großen Heideflächen erst möglich macht. Die weite, fast baumlose Landschaft verwandelt sich erst zur Blüte in einen lilafarbenen Teppich, sonst liegt sie brach, zartgrün oder braun. Dann sind es die Cafés, Museen und Unterkünfte, die ein Wochenende hier wert sind – zu jeder Jahreszeit. Von all dem möchten wir in diesem Buch erzählen.

INHALT

⊙ *Fortlaufend nummerierte Ziele*

LÜNEBURGER HEIDE

NORDSEE

BREMERHAVEN
o

Ems

Weser

BREMEN
o

Elbe

LÜBECK

HAMBURG

HARBURG

LÜNEBURG

HEIDEKREIS

HANNOVER

0   10   20   30 km

N

Fischbeker Heide / Harburg

Pietzmoor | Heidekreis

HARBURG

Dass es im Süden schöner wird, haben wir alle schon in unserer Kindheit gelernt, wenn die Sommerferien da waren. Das gilt sogar hoch im Norden: Wo Hamburg im Süden aufhört, fängt der Landkreis Harburg an. Heide und dichter Wald prägen die Landschaft. Im großen Waldgebiet Rosengarten und zwei beliebten Wildparks kann man den Stress abschütteln, den man sich als Großstädter:innen eingefangen hat, der Horizont wird weit, das Leben gemächlich. Die Strukturen sind ländlich, man kennt und trifft sich und genießt Heidschnuckenbratwurst, Heidespargel und Heidekartoffeln, übrigens die beliebteste Sorte in Deutschland. Wer auf dem berühmten Heidschnuckenweg durch den Landkreis wandert oder radelt, kommt auch an Buchholz vorbei. Besonders am Samstag lohnt sich hier ein Abstecher auf den schönen Wochenmarkt und eine Verschnaufpause mit Espresso, bevor es weiter Richtung Süden geht.

HARBURG

⊙ *Fortlaufend nummerierte Ziele*

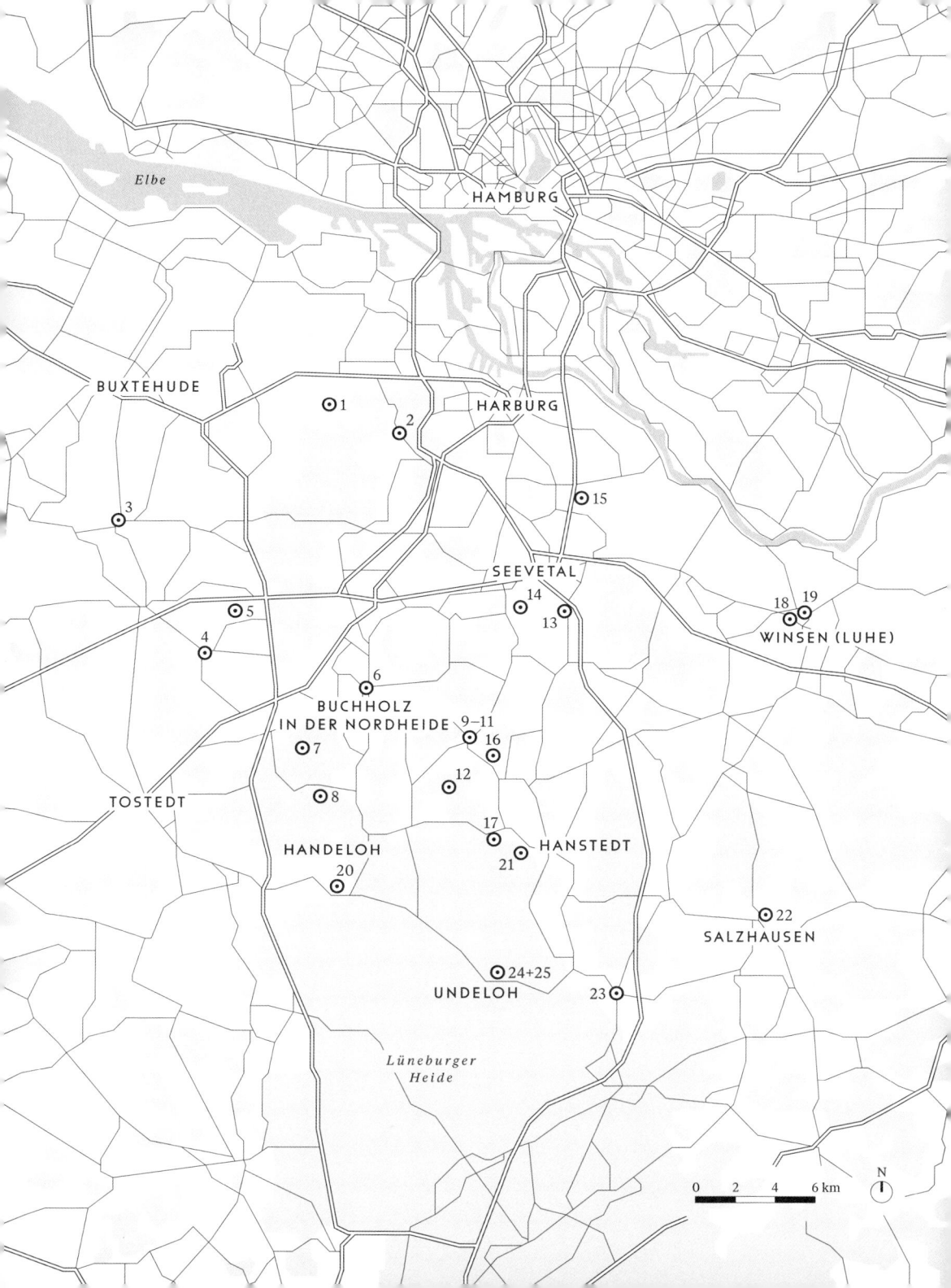

Elbe

HAMBURG

BUXTEHUDE

⊙ 1

⊙ 2

HARBURG

⊙ 15

⊙ 3

SEEVETAL

⊙ 5

⊙ 14

⊙ 4

13 ⊙

18 19
⊙ ⊙

WINSEN (LUHE)

⊙ 6

BUCHHOLZ
IN DER NORDHEIDE

9–11 ⊙
⊙ 16

⊙ 7

⊙ 12

TOSTEDT

⊙ 8

⊙ 17

HANSTEDT

HANDELOH

21 ⊙

⊙ 20

⊙ 22

SALZHAUSEN

⊙ 24+25

UNDELOH

23 ⊙

Lüneburger
Heide

0   2   4   6 km

N

HEIDSCHNUCKENWEG

WANDERWEG

◉ 1

Noch auf Hamburger Stadtgebiet beginnt der Heidschnuckenweg – mit
223 Kilometern der längste Wanderweg der Lüneburger Heide und für
viele der schönste ganz Deutschlands. Mit sanften Hügeln, weitläufigem
Segelfluggelände und freiem Blick über weites Land startet gleich hinter
der Vorstadt die Fischbeker Heide. 23 Kilometer misst die erste offizielle
Etappe von der Fischbeker Heide bis nach Buchholz. Sie führt entlang
der Harburger Berge, durch die Wälder im Staatsforst Rosengarten, vorbei
an 4.000 Jahre alten Hügelgräbern und typischen Heidedörfern, zum
Karlstein, wo der Frankenkönig Karl mit seinem Pferd einen Hufabdruck
hinterlassen haben soll, und zur schönen historischen Windmühle in
Dibbersen. Verausgaben muss man sich dabei nicht: Der Heidschnuckenweg ist verlässlich flach.

Start:
Scharlbarg/Ecke Babenbrook, 21149 Hamburg
heidschnuckenweg.de

FREILICHTMUSEUM AM KIEKEBERG
MUSEUM

◉ 2

Wie lebten die Bauern in der Heide vor 300 Jahren? Welche Veränderungen hat die Industrialisierung bewirkt? Das Freilichtmuseum am Kiekeberg versteht sich nicht nur als Wissensvermittler, sondern auch als Bewahrer alter Traditionen: Zu sehen sind Bauernhäuser aus vielen Jahrhunderten, alte Traktoren, Webstühle und fast ausgestorbene Haustierrassen wie das Bunte Bentheimer Schwein und Ramelsloher Hühner mit ihren blauen Füßen. Historische Gärten, ein großer Wasserspielplatz und das Restaurant „Stoof Mudders Kroog" sind den Besuch bei jedem Wetter wert. Großartig auch die Veranstaltungen wie etwa der historische Jahrmarkt mit Flohzirkus und Feuerschlucker:innen oder das jährlich stattfindende Ferienprogramm „Sommerspaß". Kinder und Jugendliche unter 18 Jahren zahlen keinen Eintritt.

Am Kiekeberg 1, 21224 Rosengarten
T 040 7901760
kiekeberg-museum.de

MÜHLENMUSEUM MOISBURG

SEHENSWÜRDIGKEIT

◉ 3

An Sommerwochenenden klappern die Mühlenräder in Moisburg, als wäre die
Zeit stehen geblieben. Das Wasser des Staersbachs treibt das Rad noch ebenso
zuverlässig an wie im 14. Jahrhundert, als die Mühle zum ersten Mal urkundlich
erwähnt wurde. Die ehemalige Amtswassermühle mahlt noch immer regelmäßig Getreide für die Bäckereien der Umgebung. Im Inneren wird einem die
Historie der Mühle nahegebracht, zu sehen ist auch die Wohnung des Müllers
Arnold Fitschen, der in den 1930er-Jahren mit seiner Familie hier lebte. Der
aktuelle Müller gibt sonntags Einblicke in die alte Technik und erklärt, wie aus
Korn Brot wird, und im Museumsladen bekommt man Amtsmühlenbrot.

Auf dem Damm 10, 21647 Moisburg
T 040 7901760
muehlenmuseum-moisburg.de

HOFGEMEINSCHAFT ARPSHOF

HOFLADEN, UNTERKUNFT UND CAFÉ

⊙ 4

Schlafen unterm Walnussbaum, von Gänsen und Esel geweckt werden – idyllischer als in den drei Zirkuswagen der „Hofgemeinschaft Arpshof" kann man kaum übernachten. Das hat sich mittlerweile herumgesprochen: Selbst Chines:innen und Australier:innen haben hier schon eingecheckt. Die liebevoll mit kleinen Öfchen und Schaffellen eingerichteten Miniaturhäuser stehen auf den Wiesen des Biohofs, der eine lebhafte, sympathische und hochkompetente Gemeinschaft von Natur- und Qualitätsverrückten beherbergt. Zur Toilette geht es quer über den Hof, gekocht wird an einer überdachten Außenstelle. Frühstück wird im Café in den Räumen des Hofladens serviert, der wegen seines reichhaltigen Angebots in der ganzen Region bekannt ist. Direkt neben dem Hofladen wird das Brot im alten und wunderschönen Lehmofen frisch gebacken.

Am Schulberg 6, 21279 Dierstorf
T 04165 2172714
arpshof.de

MUSEUMSBAUERNHOF WENNERSTORF
BIOLANDWIRTSCHAFT, HOFLADEN UND CAFÉ

◉ 5

Hier fühlt man sich, als wäre man von einer Zeitmaschine in die Vergangenheit befördert worden: Der „Museumsbauernhof Wennerstorf" mit dem alten Smedtshof, einem Backhaus und einem Schaf- und Schweinestall lässt das bäuerliche Leben um 1930 so lebendig wiederauferstehen, dass man sich nicht wundern müsste, käme ein Heidebauer zur Tür herein, der im Garten hinter dem Haus nur mal kurz ein paar Johannisbeeren gepflückt hat. Selbst „Elieses Hofcafé", das wochenends geöffnet hat, ist mit dicken Sofas, Stühlen, Tischdecken und Lampen aus den 30er-Jahren eingerichtet. Und der „Hökerladen", in dem die selbst gemachten Produkte aus der zum Hof gehörenden Biolandwirtschaft verkauft werden, sieht aus wie ein antiker Tante-Emma-Laden. Der Museumsbauernhof ist von Mai bis Oktober geöffnet und bietet jeden Sonntag ein Mitmachprogramm für Kinder, Imkerkurse und Lehmofen-Backkurse für Erwachsene und Kindergeburtstage auf Anfrage.

Lindenstraße 4, 21279 Wennerstorf
T 04165 211349
museumsbauernhof.de

CANTINELLA

RESTAURANT

⊙ 6

Am Ende der ersten Etappe des Heidschnuckenwegs ist es Zeit
für eine Belohnung: Das „Cantinella" in der Innenstadt der
unscheinbaren Stadt Buchholz bringt verbrauchte Energie sofort
zurück. Hier kommt feinste italienische Küche auf die dicken
Holztische. Das Thunfisch-Mango-Avocado-Tatar mit Sesam und
Chutney schmeckt unfassbar köstlich, großartig sind auch die
Spaghetti mit Venusmuscheln oder die Tagliatelle mit Wildschwein,
Apfel und getrockneten Pflaumen.

Poststraße 10, 21244 Buchholz in der Nordheide
T 04181 1374800
cantinella.it

VOM BRUNSBERG INS BÜSENBACHTAL
WANDERUNG

⊙ 7

Von Suerhop kommend führt die zweite Etappe des Heidschnuckenwegs zunächst durch ein tief eingeschnittenes Trockental, die „Höllenschlucht", später durch dichtes Waldgebiet und lichte Jungbirken-Haine, vorbei an Findlingen und schließlich über den 129 Meter hohen Brunsberg (schöner Weitblick über Heideflächen und Wälder) zum Pferdekopf. Hier beginnt das Büsenbachtal, dessen Namensgeber für wenige Kilometer glasklar in seinem engen Bett durch die Landschaft mäandert, ehe er kurz vor dem Bahnhof in Wörme versickert. Unterwegs begegnet einem mit Glück die hiesige Heidschnuckenherde, die zwischen den beiden Standorten grasen darf und wechselweise im Verschlag am Brunsberg oder im Stall beim „Café Schafstall" untergebracht ist.

heidschnuckenweg.de

CAFÉ SCHAFSTALL

CAFÉ

☉ 8

Im Frühjahr grasen auf der Wiese neben dem schönen reetdachgedeckten Café Lämmer, Kaninchen mümmeln zufrieden ihre Möhren, im Hintergrund wiehern Pferde, und die Frösche am benachbarten Teich quaken dazu. Die Holztische stehen bunt verteilt auf der großen Wiese unter Weiden und zwischen Rosenbeeten. Dann werden köstliche Torten, Heidschnuckenbratwürste und hoch aufgetürmte Salate herbeigetragen. Die Himmelstorte sucht ihresgleichen, ob mit Erdbeeren im Sommer oder Birne-Schoko in den Wintermonaten, und auch der Heidelbeer-Käsekuchen schmeckt fantastisch. In der kalten Jahreszeit kuscheln sich die Gäste im ausgebauten Stall an den Lehmofen und lauschen dem Prasseln des Feuers.

Am Büsenbach 35, 21256 Wörme
T 04187 1072
cafeschafstall.de

JESTEBURG

STADT

⊙ 9

Jesteburg, mit einer Geschichte bis ins 13. Jahrhundert zurück, ist eines
der schönsten Städtchen in der nördlichen Heide und vor allem für sein
Kulturangebot bekannt: Die Kunststätte Bossard, der Kunstverein und auch
das Filmmuseum im zur Gemeinde gehörenden Ort Bendestorf lohnen
einen Besuch. Der Ort ist reich an kleinen, süßen Cafés, Galerien, Boutiquen
und gemütlichen Fachwerk- und Reetdachhäusern – ein perfekter Zwi-
schenstopp auf Radtouren entlang Norddeutschlands kältestem Fluss, der
Seeve, die sich auf ihrem Weg zur Elbe auch hier durchschlängelt. Der
zweite Ring des Seeve-Radwegs ist 31 Kilometer lang, startet im nahegelegenen Lüllau und führt auf dem Hin- und Rückweg durch Jesteburg.

21266 Jesteburg
jesteburg.de

CAFÉ BOOK

LITERATURCAFÉ

⊙ 10

Spannende Bücher, guter Kuchen und erstklassiger Kaffee – eine perfekte Kombination. Das zentral im Ort gelegene Café, eine Herzensangelegenheit dreier Freundinnen, stellt besonders gern kleine Verlage und Self-Publisher vor, in deren Büchern man bei selbst gebackenem Käsekuchen, Himbeertarte oder Flammkuchen schmökern kann. Wochenends gibt es Lesungen und Konzerte, und bei Sonnenschein findet man im kleinen Hinterhof schöne Plätze mit Blick auf viel Grün.

Kirchweg 3, 21266 Jesteburg
T 04183 7777977
cafe-book.de

SAMMANNS HUS

ANTIQUITÄTEN

⊙ 11

Buddelschiffchen, Porzellan, Schmuck, Grammofon, Spielzeug
aus der Vor-Plastik-Ära und zahllose andere Schätze warten
in diesem 1765 erbauten und liebevoll restaurierten Fachwerk-
häuschen auf neue Besitzer:innen. In der Restaurationswerk-
statt kann man miterleben, wie alter Glanz neu entfacht wird.
Und der kleine Hinterhof-Garten erinnert mit seinen Skulpturen
und Wasserspeiern an Lustgärten vergangener Zeiten.

Hauptstraße 26, 21266 Jesteburg
T 04183 3739
sammannshus.de

KUNSTSTÄTTE BOSSARD

MUSEUM

⊙ 12

Tief im Wald bei Jesteburg schuf sich der Schweizer Bildhauer Johann Michael Bossard zusammen mit seiner Frau Jutta Bossard-Krull sein eigenes Reich – ein drei Hektar großes Anwesen mit Wohnhaus, Kunsttempel, Atelier, Monolithenallee, Obst- und Steingärten, jeder Quadratzentimeter künstlerisch gestaltet und Ausdruck von Bossards Vision eines expressionistischen Gesamtkunstwerks. 1912 hatte Bossard, damals Professor für Skulptur an der Hamburger Kunstgewerbeschule, mit seinem Monumentalwerk begonnen, und er arbeitete bis zu seinem Tod im Jahr 1950 daran. Die Kunststätte ist ein einzigartiger Ort, eine Art Kathedrale des Expressionismus, obsessiv, machtvoll, immer wieder überwältigend. Alle Teile des Anwesens sind für die Öffentlichkeit zugänglich, durch das Wohnhaus gibt es regelmäßig Führungen.

Bossardweg 95, 21266 Jesteburg
T 04183 5112
bossard.de

HORSTER MÜHLE

AUSFLUGSZIEL

Zur Wassermühle 4, 21220 Seevetal
T 04105 82643
horstermuehle.de

⊙ 13

42 Kilometer schlängelt sich die Seeve von ihrer Quelle in Undeloh im Naturschutzgebiet Lüneburger Heide bis hinauf zur Elbe. Der kälteste Fluss Norddeutschlands mit einer im Sommer wie Winter konstanten Wassertemperatur zwischen sechs und acht Grad Celsius führt Kanut:innen und Paddler:innen an einigen schönen alten Mühlen vorbei, auch an der gut erhaltenen und noch voll aktiven Wassermühle in Maschen-Horst, 1529 erstmals urkundlich erwähnt. Heute versorgt das Mühlenrad über einen angeschlossenen Stromgenerator das benachbarte Restaurant. In einem ausgebauten Kuhstall haben bis zu 140 Gäst:innen Platz. Es gibt Klassiker wie Labskaus mit Spiegeleiern und Matjesrolle oder zartrosa Roastbeef mit Remoulade und im Herbst legendäre Haxenessen. Die Mühle war übrigens schon einmal „Tatort"-Kulisse.

LIEBLINGSPLATZ

RESTAURANT

⊙ 14

Der Name klingt verheißungsvoll, und die Realität
wird ihm gerecht. Umgeben von sieben kleinen
und größeren Fischteichen liegt das Restaurant
„Lieblingsplatz". Während draußen vor allem
die schöne Lage punktet, ist es drinnen mit Schaffellen, goldenen Spiegeln und rustikalen Holzti-
schen gleichermaßen schick wie gemütlich. Was
auf den Tisch kommt – allem voran fangfrischer
Saibling und Forelle – schmeckt hervorragend,
auch Fleisch und vegetarische Küche können die
Köch:innen perfekt zubereiten. Schön ist ein
anschließender Spaziergang um die Teiche, Bänke
unter Weiden laden zum Verweilen ein.

Moorstraße 41, 21218 Seevetal
T 04105 6766966
restaurant-lieblingsplatz.de

PULVERMÜHLENTEICH
BADESEE

⊙ 15

Manchmal braucht das Glück keine großen Special Effects, sondern bloß einen
Baggersee, eine Luftmatratze, ein Buch und eine kalte Limo. Am Baggersee
in Seevetal kann man wärmere Tage jedenfalls sehr gut vertrödeln. Er wartet
mit schattigen Waldbuchten, zwei Strandabschnitten und einem so flachen
Einstieg auf, dass Kinder im Uferbereich ausgiebig planschen können. Mit maxi-
mal 28 Meter Tiefe kann er mitunter recht kalt sein, die flachen Uferbereiche
werden im Sommer aber angenehm warm – und wenn man einmal im Wasser
ist, möchte man eigentlich gar nicht mehr raus. Wer es ruhiger mag, sichert
sich möglichst früh einen Platz in einer der schönen Buchten und meidet die
gut besuchten Strandabschnitte. Der Pulvermühlenteich ist entspannt
mit dem Auto zu erreichen, es gibt ausreichend Parkplätze und einen Kiosk.

Pulvermühlenweg/Himmelsbruch
21217 Seevetal

KAFFEETIED

CAFÉ

⊙ 16

Bis 1976 wurden hier Holzharken gemacht, wurde Vieh gehalten
und Getreide angebaut. Jetzt wartet in dem Hof, dem man sein
Alter ansieht – dicke Balken, schiefe Küchentür – ein gemütliches
Café nebst Hofladen auf Heide-Durchquerer:innen, ob sie nun
zu Fuß oder auf dem Rad kommen, zu Pferd oder auf einer Harley.
Es gibt Butterkuchen auf Blümchengeschirr, Rhabarber-Baiser,
Himbeer-Blüten-Torte und noch ein paar andere Knaller, sehr
reichhaltige Frühstücksbüfetts und im Sommer schattige Plätz-
chen unterm Sonnenschirm, ehe es auf einen ausgedehnten
Spaziergang durch den nahegelegenen Töps geht, das idyllische
Heidegebiet zwischen Asendorf und Hanstedt.

Jesteburger Straße 35, 21271 Asendorf
T 04183 775277
kaffeetied.de

NORDHEIDEHAUS
FERIENHAUS

◉ 17

Gleich vor der Tür liegt das Naturschutzgebiet Lüneburger Heide. Dahinter findet man den Komfort, den man gern hat, wenn man einen langen Winterspaziergang vor sich hat oder von einem ausgedehnten Wandertag zurückkehrt. Zwei Schlafzimmer mit großen Doppelbetten, eine gut ausgestattete Küche, ein Esszimmer mit langer Tafel, ein luxuriöses Duschbad, dazu skandinavische Schlichtheit. Einen Fernseher gibt es auch, aber wahrscheinlich liegt man lieber im schönen Garten, der zum Ferienhaus gehört, und guckt den Wolken nach.

Zum Moor 42, 21271 Asendorf
T 0172 4348736
nordheidehaus.de

LUHEGÄRTEN

GARTENKUNST

◉ 18

2006 fand in Winsen die Landesgartenschau statt. Seitdem hat die 35.000-Ein-
wohner:innen-Stadt beeindruckende Parkanlagen. Auf insgesamt 22 Hektar
kann man fünf recht unterschiedliche Gärten bestaunen. In den „Gärtner-Fanta-
sien" wohnt ein liebevoll gepflegter Pfau aus Blumen und im April leuchten beim
Tulpenfest 100.000 Blüten. Im Schlosspark werden Rosen gezogen, der Ecker-
mann-Park wirkt fast mediterran, im Klostergarten fällt Entschleunigung leicht.

Luhegärten, 21423 Winsen (Luhe)

WINSENER SCHLOSS

SEHENSWÜRDIGKEIT

◉ 19

Ansehen kann man sich das Schloss nur von
außen, weil hier das Winsener Amtsgericht
seinen Sitz hat. Aber es ist auch so beeindruckend genug: im 13. Jahrhundert errichtet und
im Lauf der Geschichte immer wieder aus-
und umgebaut. Im 17. Jahrhundert wurden hier
in Hexenprozessen mehr als 30 Frauen ver-
urteilt. Der Hof und der Schlosspark, in dem
Rosen gezogen werden, sind für Besucher:in-
nen zugänglich, an ein paar Tagen im Jahr
hat auch ein kleines Museum im Schlossturm
geöffnet, in dem man einiges über den Dreißig-
jährigen Krieg erfahren kann.

Schlossplatz 3, 21423 Winsen (Luhe)

CASSENSHOF

HOFLADEN

⊙ 20

Hier sind die Tiere glücklich, und die Menschen werden
es auch. Der „Cassenshof" wird nun schon in 14. Gene-
ration betrieben und macht alles richtig: Die Hühner und
die Gänse dürfen frei herumlaufen und werden liebevoll
aufgezogen (anfangs wird alle halbe Stunde nachgesehen,
ob die Gänseküken es auch warm genug haben). Das
schlägt sich in Qualität nieder – der „Cassenshof" verkauft
seine Eier und Gänse auch an die gehobene Gastronomie.
Für Vegetarier:innen sorgt die Betreiberfamilie übrigens
auch: Es gibt erstklassigen Spargel und prima Kartoffeln.
Alles, was hier angebaut und gezüchtet wird, lässt sich im
hübschen Hofladen kaufen.

Im Seevegrund 2, 21256 Inzmühlen
T 04188 899640
cassenshof.de

GÄSTEHAUS AUGUSTENHÖH
BED & BREAKFAST

⊙ 21

Wie verwunschen steht die „Augustenhöh" im Wald am Rande von Hanstedt. Hühner scharren auf dem Parkplatz, Kerzen leuchten den Weg. Die 100 Jahre alte Jugendstilvilla, die früher einmal der Landsitz einer Hamburger Reedersfamilie war, beherbergt heute ein einzigartiges Bed & Breakfast. Liebevoll eingerichtet und mit einem tollen Blick für Details, fühlt man sich hier schneller wohl, als man „Ankommen" sagen kann. Der Blick aus den Fenstern der vier Doppelzimmer und drei Einzelzimmer schweift über die Pferdekoppeln oder rüber zum Wald. Vielleicht setzt man sich einfach mit einem Buch in den Garten oder an den Kamin und fragt sich für einen Moment, ob das hier nicht doch ein englisches Landhaus ist. In der „Augusten-höh" wird Wert auf Naturnähe, ökologische Erzeugung und nachhaltige Landwirtschaft gelegt. Auf der Frühstückskarte stehen regionale Produkte und saisonale Angebote. Und wer mit öffentlichen Verkehrsmitteln, zu Fuß oder dem Fahrrad anreist, bekommt zehn Prozent Rabatt bei der Übernachtung.

Manskuhlenberg 25, 21271 Hanstedt
T 04184 888059
augustenhoeh.de

MATINA'S CAFÉ & SO

CAFÉ

⊙ 22

Ein rotes, von Efeu umranktes und denkmalgeschütztes Backsteinhaus aus dem Jahr 1902 ist die Heimat von „Matina's Café & so", in dem die Chefin selbst am Backofen steht. Man sitzt gemütlich auf antiken Möbeln, es gibt Kalten Hund, Blaubeer-Quark-Baiser-Torte und Pflaumenmus-Mandelkrokantkuchen – und zum Bestaunen eine imposante Kaffeekannensammlung und die Werke lokaler Künstler:innen an den Wänden. Zum Wochenende öffnet das Café seine Türen bereits am Morgen für ein üppiges und liebevoll zubereitetes Frühstück. Das lässt sich auch im idyllischen Hof hinter dem Haus genießen, wo im Frühling der Flieder blüht.

Winsener Straße 8, 21376 Salzhausen
T 04172 979730
matinas.de

PASTOR-BODE-WEG

WANDERWEG

☉ 23

44 Kilometer lang ist dieser Wanderweg von Lüneburg nach Wilsede, der nach dem Pastor
Wilhelm Bode (1860–1927) benannt ist, einem Heidepastor und frühen Naturschützer.
Die letzte Etappe führt über neun Kilometer von Egestorf, dem Heimatort des Pastors, ins
autofreie Wilsede – entlang des Heidebachs „Schmale Aue", ein Schafstall mittendrin,
und vorbei am Totengrund, einem der schönsten Täler der Lüneburger Heide. Indem er den
Totengrund mit dem Geld eines Münsteraner Universitätsprofessors ankaufte, legte
Bode einst übrigens die Basis für die Gründung des Naturschutzparks. Kurz vor Wilsede
geht es schließlich vorbei an den jahrhundertealten Buchen des ehemaligen Hutewalds.

21272 Egestorf

TEESTUBE UNDELOH

CAFÉ, RESTAURANT UND FERIENWOHNUNGEN

◉ 24

Ein wunderbarer Ort zum Auftanken nach der dritten Etappe des Heidschnuckenwegs zwischen Handeloh und Undeloh. Die Kuchen und Torten lassen keine Wünsche offen, auch die warme Küche ist gut und birgt Überraschungen. Jeden Freitag wird es britisch: mit Scones, Fingersandwiches und selbstverständlich Tee.

Zur Dorfeiche 15, 21274 Undeloh
T 04172 7431
teestube-undeloh.de

KUTSCHFAHRTEN HEIDEROSE

KUTSCHFAHRT

◉ 25

Die Heide will erwandert werden. Aber eine Fahrt mit der Kutsche
ist ebenso unvergesslich (und macht keine Blasen). Während des
gemächlichen Trabs über sandige Wege kann der Blick weit über die
Heide schweifen, während der Kutscher von früher erzählt. Kutschfahrten sind an vielen Orten der Lüneburger Heide möglich. Die
Preise werden vor Fahrtantritt vereinbart und richten sich meist nach
der Länge der Tour und der Größe der Gruppe. Möglich sind auch
Picknick-Ausflüge, Ganztagesfahrten oder „Taxifahrten" zurück aus
Wilsede beispielsweise, wenn die Füße müde gelaufen sind.

Wilseder Straße 13, 21274 Undeloh
T 04189 311
hotel-heiderose.de

HEIDEKREIS

Bei Sonnenschein ist die Region zwischen Schneverdingen und Walsrode so verzaubert, dass man bereut, nicht Landschaftsmaler:in geworden zu sein. Aber Fotos sind ja auch schön: vom Morgennebel etwa, der über die Hügel zieht, oder von Spinnweben zwischen Heidezweigen, die der Tau weiß anmalt. Zu Fuß oder mit dem Fahrrad lässt sich die Heide gut erkunden, am authentischsten genießen kann man sie mit der Pferdekutsche. Heide macht übrigens nur ein Prozent der gesamten Fläche aus, doch wenn sie blüht, leuchtet die ganze Region. Gepflegt werden die Flächen von den berühmten Heidschnucken, den langhaarigen Kurzschwanzschafen, die man hier überall sieht. Groß gefeiert werden in der Gegend das Heideblütenfest oder die zahlreichen örtlichen Kartoffelfeste. Dann ist es alles andere als beschaulich, und es zeigt sich die lebhafte Seite der Heidjer:innen.

HEIDEKREIS

⊙ *Fortlaufend nummerierte Ziele*

GELI'S HOFCAFÉ

CAFÉ

◉ 26

Für dieses schnuckelige Café im Schneverdinger Ortsteil Wintermoor wurde die untere Etage eines alten Wohnhauses umgebaut. Das merkt man: Bei Angelika und ihrer Tochter Romina sitzt man in heimeliger Wohnzimmeratmosphäre auf gemütlichen Sofas, für die Kleinen gibt es eine Kinderspielecke. Die Kuchen sind selbst gebacken, den ganzen Nachmittag über duftet es aus der Küche nach frischen Muffins und Schoko-Nusstorte. Im Hinterhof lässt es sich gemütlich auf die angrenzende Weide blicken. Empfehlenswert ist auch das Frühstück am Wochenende, für das eine Reservierung nötig ist.

Wintermoorerstraße 29, 29640 Schneverdingen
T 0177 7603367
gelis-hofcafe.de

WILSEDE
MUSEUMSDORF

⊙ 27

Das alte Heidjer:innen-Dorf mit seinen knapp über 40 Einwohner:innen erreicht man nur zu Fuß und per Rad oder Kutsche – im Naturschutzgebiet sind Autos verboten. Das sorgt für eine ganz besondere Atmosphäre, fast wähnt man sich in vergangene Jahrhunderte zurückversetzt. Tatsächlich kann man sich im Heidemuseum „Dat ole Hus" ein Bild davon machen, wie die Bauernfamilien um 1850 lebten und arbeiteten. Im Ort gibt es ein paar Cafés und Restaurants, Treppenspeicher und Schafställe – und viele Möglichkeiten, sich das Leben zur Postkutschenzeit vorzustellen. Einen Fußmarsch von Wilsede entfernt befindet sich der Wilseder Berg, mit 169 Metern der höchste weit und breit und ein Wahrzeichen der Lüneburger Heide.

29646 Wilsede/Bispingen

TOTENGRUND

AUSFLUGSZIEL

◉ 28

Wenn im August Heide und Wacholder blühen, bekommt man hier eine Farbexplosion zu sehen; im Herbst bei Nebel und im Winter bei Schnee und Eis wird die Atmosphäre mystischer, die Farben verwischen fast wie auf einem Aquarell. Der Totengrund, nicht mit dem Auto, sondern nur zu Fuß, mit Pferden, Fahrrädern oder mit der Kutsche erreichbar, ist ganz sicher eines der stärksten Naturerlebnisse Deutschlands. Für den Namen dieses 30 Hektar großen Talkessels nahe des Wilseder Bergs gibt es die unterschiedlichsten Theorien – Nährstoffarmut im Boden, Leichenzüge in früheren Zeiten, die den üblichen Straßen auswichen und deswegen einen Umweg nahmen, oder ein Meteoriteneinschlag.

29646 Wilsede/Bispingen

PENSION FORSTGUT EINEM

HOTEL

⊙ 29

In unserer voll vernetzten und trubeligen Welt ist der größte Luxus manchmal die Einsamkeit.
Hier kann man sie genießen. Für ruhige Wochenenden und meditative Ausflüge in die Heide ist
das Pensionshaus aus dem Jahre 1841 ideal: mitten im Naturschutzpark Lüneburger Heide gelegen,
von Wald umgeben und doch gut mit dem Auto zu erreichen. Zum großen binnenländischen
Dünengebiet, der „Einemer Sand", kommt man zu Fuß. Und auch vom Ort Einem starten schöne
Wanderungen auf einsamen Pfaden durch den Wald und in die idyllische Heidelandschaft hinein.

Wilseder Weg, 29640 Einem/Ehrhorn
T 05198 283
forstgut-einem.de

WALDERLEBNIS EHRHORN

NATURCAFÉ

☉ 30

Ein fantastischer Ort, wenn man Natur nicht nur beim Wandern bestaunen, sondern wirklich kennenlernen will. Das Walderlebnis Ehrhorn macht mit einem dreieinhalb Kilometer langen Lehrpfad das Ökosystem Wald erfahrbar. Bei „Ameisensafaris" und „Bienentagen" lernt man einiges über Staaten, die ganz anders als die menschlichen organisiert sind; bei Blindenwanderungen kommt man mit verbundenen Augen dem Wald nur durch Geräusche nahe. In der „Waldkräuterey" wird demonstriert, wie viel kulinarische Potenz in Gewächsen wie Giersch und Gundermann steckt, die moderne Metropolenbewohner:innen als Unkraut verschmähen, und man kann Bekanntschaft mit Wildblumenlimonade, Wiesentapas, Fichtenspitzenknospen oder Butterbrotblüten machen.

Ehrhorn 2, 29640 Schneverdingen
T 01525 3039447
waldkraeuterey-heidekreis.de

PIETZMOOR
WANDERGEBIET

◉ 31

Im 8.000 Jahre alten Pietzmoor begegnet man noch
Naturwundern. Es ist die Heimat der Moorfrösche,
die zur Paarungszeit im Frühling blau werden, um
die Weibchen zu beeindrucken. Kraniche ziehen ihre
Jungen auf, man kann Waldeidechsen und Libellen
beobachten, längs der Wege sonnen sich Kreuz-
ottern, von denen man sich lieber nicht beißen lassen
sollte, weil sie giftig sind. Ein weiterer Höhepunkt
im Frühling: die Wollgrasblüte, die das ganze Moor
in eine weiße Landschaft verwandelt. Fernglas und
Fotoapparat mitnehmen!

Heberer Straße 100, 29640 Schneverdingen

HEIDEGARTEN

AUSFLUGSZIEL

⊙ 32

Der Heidegarten am Stadtrand Schneverdingen ist eine Art Leistungsschau – ein riesiges Areal, auf dem 180 Heidesorten zeigen, wie eindrucksvoll sie grün, lila, gelb oder weiß blühen können. Am besten lassen sich die Beete vom Aussichtsturm bestaunen, der auch einen schönen Ausblick auf das angrenzende Heidegebiet Höpen bietet. Auf der Freilichtbühne im Höpen wird jedes Jahr im August unter dem Jubel Tausender Besucher:innen die Schneverdinger Heidekönigin gekrönt. Wer es beschaulicher mag: Täglich morgens und spätnachmittags treiben Hirt:innen die Heidschnucken aus dem Schafstall und wieder zurück.

Schaftrift, 29640 Schneverdingen

BRUNAUSEE
BADESEE

◉ 33

Perfekt für eine Abkühlung: Der idyllisch am Ortseingang von Behringen gelegene Baggersee erfreut mit sauberem Wasser, Badebuchten mit Sandstrand, Badesteg und schattigen Plätzchen unter Bäumen. 70.000 Quadratmeter ist der Brunausee groß, die zum Beispiel mit einem ausleihbaren Tretboot erkundet werden können. Wer es lieber turbulent mag, kann die ein wenig versteckte Quadbahn ausprobieren oder zum Behringer Seefest am ersten Augustwochenende mit leuchtenden Wasserspielen und Feuerwerk kommen.

Quadbahn:
Uhlenstieg 13a, 29646 Bispingen
quadbahn-bispingen.de

FERIENHOF COHRS

PFERDEHOF UND HEUHOTEL

⊙ 34

Kinderträume werden wahr: auf Ponys und Pferden reiten, Katzen, Kaninchen, Ziegen, die Heidschnucken „Nanni" und „Gandalf" streicheln, im Stall aushelfen – und wenn man will, sogar im Heu übernachten! Auf dem „Reiterhof Cohrs" sind Familien willkommen, egal, ob sie rustikal nächtigen, sich in den Ferienwohnungen selbst versorgen oder komfortabel in den Hotelzimmern schlafen. Die Unterkünfte sind praktisch und gemütlich, im Zentrum stehen ohnehin die Pferde, von denen auf dem Hof 20 für geführte Ausritte und intensive Reitstunden stehen. Man kann aber auch mit dem eigenen Tier hier unterkommen.

Volkwardingen 4, 29646 Bispingen
T 05194 7237
hof-cohrs.de

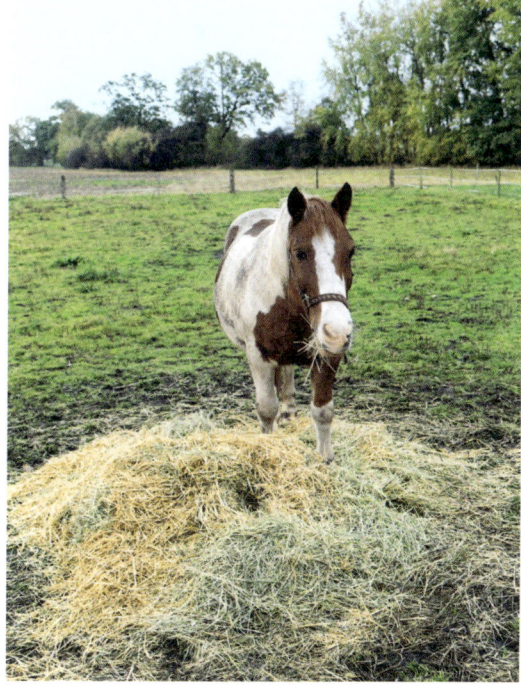

CHILI MANUFAKTUR

HOFLADEN

⊙ 35

Heißer wird's nicht in der Heide: Auf ihrem Bauernhof
in Soltau baut Susanne Menke Chili an, und zwar
nicht nur die zahmen Varianten, sondern auch eine
Knallersorte wie den „Trinidad Scorpion", der lange als
schärfster Chili der Welt galt. In ihrer Hofküche verarbeitet Menke überwiegend regionales Obst, Gemüse
und Soltauer Salinensalz nach eigenen Rezepturen mit
Chili zu Dips, Barbecue-Saucen, Chili-Honig-Creme
oder „Heide Inferno" (eine Creme, die nicht an Minder-
jährige abgegeben wird). Ihre Produkte stehen im
ganzjährig geöffneten Laden zum Verkauf, im Sommer
sind Führungen durchs Chili-Feld möglich, Tastings
werden regelmäßig angeboten. Seit einiger Zeit gibt es
auch selbst gezüchtete Bressehühner.

Dannhorn 5a, 29614 Soltau
T 05191 18223
die-chili-manufaktur.de

EGGERSHOF
FERIENWOHNUNGEN UND HOFCAFÉ

⊙ 36

Pferde grasen, Kinder tollen durch die Wiesen und probieren die Seilbahn aus, die beiden Hofhunde kabbeln sich um einen Liegeplatz unterm Schreibtisch am Empfang. So idyllisch ist es auf dem „Eggershof", dass Paare hier gern heiraten. Das geht gut, weil in der alten Fachwerkscheune bis zu 250 Gäste Platz finden und weil die Familie Eggers, denen der Hof seit über 500 Jahren gehört, sich euphorisch um alles zwischen Kutschfahrten, Blumendekorationen und Kinderanimateur:innen kümmert. Das Essen und die Kuchen im Hofcafé sind ebenfalls erstklassig. Die Ferienwohnungen sind so stilsicher eingerichtet, dass sie viele Instagram-Likes bekommen, und wenn man will, kann man auch romantisch im Heuhotel übernachten.

Ellingen 15, 29614 Soltau
T 05191 14297
eggershof.de

SAMOCCA
CAFÉ UND DELI

⊙ 37

Die Speisekarte des lebhaften Cafés im Herzen Walsrodes ist üppig, die Tische sind stets belegt, aber der Wechsel ist so rege, dass sich schnell ein Plätzchen findet. Eine eigene Kaffeerösterei verbreitet köstlichen Duft, der Bagel schmeckt wie in New York, und auch Vegetarier:innen und Veganer:innen werden hier glücklich. Noch etwas ist am „Samocca" besonders: Es wird von den Heide-Werkstätten betrieben, die sich darum kümmern, dass behinderte und nicht behinderte Menschen zusammenarbeiten.

Moorstraße 39, 29664 Walsrode
T 05161 7889625
samocca-walsrode.de

GRUNDLOSER SEE UND GRUNDLOSES MOOR

NATURSCHUTZGEBIET

⊙ 38

Diese Stille! Nur das Rauschen der Birken ist zu hören, wenn man sich dem Grundlosen
See in der Mitte des Naturschutzgebiets nähert. Das Grundlose Moor ist das größte
noch nahezu intakte Hochmoor im Heidekreis. Nicht nur fast mystisch schön, überzeugt
das Moor auch als Umweltschützer: Moore binden dreimal mehr Kohlenstoffdioxid
als Wälder. An den Wegen rundum wächst in großen Vorkommen die Rauschbeere, eine
leicht toxische Verwandte der Blaubeere, die mitunter psychotrope Substanzen enthält.
Die beiden natürlichen Moorseen, der Kleine See und der Grundlose See, sind von soge-
nanntem vitalen Torfmoosschwingrasen umgeben. Seinen Namen hat der See übrigens
nicht aufgrund seiner Tiefe: In Wahrheit misst diese bloß zwei Meter.

Parkplatz: Fulde 23, 29664 Walsrode

AHLDEN

DORF

⊙ 39

Gleich am Ortseingang begrüßt Besucher:innen ein kleines Schloss, das seit 1975 ein renommiertes Kunstauktionshaus beherbergt. 1344 wegen des morastigen Bodens auf Pfählen erbaut und erst im 17. Jahrhundert endgültig fertiggestellt, war es zwischen 1694 und 1726 über drei Jahrzehnte lang Gefängnis für die unglückliche Ahldener Prinzessin Sophie Dorothea, die wegen Ehebruchs von ihrem Mann Georg, dem König von Großbritannien, in die Verbannung geschickt worden war. Vom Schloss aus lässt sich mit einem kleinen Fußmarsch durchs verschlafene Örtchen das Scheunenviertel an der Aller erreichen, das einst aus der Angst vor Feuer und einem Mangel an Lagerfläche aus dem Dorfkern herausgelöst wurde. Zur Gemeinde gehören auch die Orte Eickeloh und Grethem. Hier können Radfahrer:innen und Fußgänger:innen die Aller mit der denkmalgeschützten Gierseilfähre überqueren.

29693 Ahlden

EILTER BAUERNKÄSEREI

BIOHOF

⊙ 40

Wasserbüffel in Niedersachsen? Auf den Weiden an
der Aller rund um den Biohof in Eilte fühlen sich 75
von ihnen sichtlich wohl, vor allem im Sommer, wenn
sie im Wasser liegen können. Die Milch der Tiere
wird zu Käse verarbeitet, den es im kleinen Hofladen
und auf den Märkten der Umgebung zu kaufen
gibt. Elf Sorten aus Büffel- und 15 aus Kuhmilch
produziert die Bauernkäserei. Vom Büffelmozzarella
über Büffelcamembert bis hin zum Büffelfrisch-
käse – alles schmeckt köstlich und intensiver als
Ware aus dem Supermarkt. Für Interessierte gibt
es zwischen Mai und September einmal im Monat
„Büffeltouren", bei denen man die Tiere in Ruhe
bestaunen, fotografieren und sogar kraulen kann.

Großer Garten 6, 29693 Ahlden/Eilte
T 05164 2614
eilter-bauernkaese.de

MOOSBEERHÜTTE

CAFÉ UND HOFLADEN

⊙ 41

Seit mehreren Generationen ist der Betrieb der Dierkings mit dem Anbau von Blaubeeren befasst – wie viele in der Region. Doch dann haben sich die beiden unsterblich in die Cranberry verliebt (denn man kann sich auch in Beeren unsterblich verlieben). Und so bauen sie seit Beginn des Jahrtausends auf über 15 Hektar Fläche das rote Super-Food an, das mit dem weniger bekannten deutschen Namen „Moosbeere" heißt, extrem viel Vitamin C enthält und bei den Indianer:innen für seine Heilwirkung geschätzt wurde. In der Hütte geht es gemütlich zu, es wird Cranberrysaft gereicht und Marmeladen, Soßen und Säfte stehen zum Probieren und Kaufen bereit.

Kötnerende 11, 29690 Gilten
T 05071 912160
moosbeerhuette.de

LÜNEBURG

Wenn man sich an der Heide sattgesehen hat, merkt man hier
wieder, wie viel der Landkreis südöstlich von Hamburg, von Elbe
und Ilmenau durchflossen, mit Schifffahrt und Fischerei zu
tun hatte. Im Frühjahr isst man Stint, einen kleinen lachsähnlichen
Fisch, ganzjährig Skipperlabskov, eine regionale Labskaus-
Variante. Die Stadt Lüneburg ist mit vielen Kneipen, Cafés und
Boutiquen sowie der ehemaligen Saline und der Therme Anzie-
hungspunkt für die Menschen der umliegenden Gemeinden. Aber
auch die kleineren Gemeinden Amelinghausen und Melbeck
sind einen Besuch wert – Amelinghausen hat sich zum Beispiel
mit dem Heideblütenfest einen Namen gemacht.

LÜNEBURG

⊙ *Fortlaufend nummerierte Ziele*

HAMBURG-MITTE

WENTDORF
BEI HAMBURG

HARBURG

GEESTHACHT

Elbe

LAUENBURG
(ELBE)

SEEVETAL

WINSEN (LUHE)

50–59
⊙
LÜNEBURG

SALZHAUSEN

⊙
45

*Lüneburger
Heide*

⊙ 46–48

49
⊙

⊙
44

BIENENBÜTTEL

⊙ 43
42 ⊙
AMELINGHAUSEN

61–64
⊙

WRIEDEL

60
⊙

0   2   4   6 km

N

CAFÉ IM SPEICHER

HOFCAFÉ

◉ 42

Ein wenig fühlt es sich an, als wäre man durch einen Zeittunnel gekrochen. Das liegt nicht nur an dem kleinen Hofmuseum, das sich das „Café im Speicher" nebenbei gönnt und das mit liebevoll ausgesuchten Exponaten (Schulbänke, Gemälde röhrender Hirsche, Kinder-Stubenwagen) an das Alltagsleben vergangener Zeiten erinnert, sondern auch an der Speisekarte. Es gibt regionale Klassiker wie Kartoffel-Terrine mit Würstchen oder Matjestopf, und die Torten im XL-Format halten sich mit Sahne nicht zurück. Im stilvoll restaurierten Bauernhaus mit Reetdach, im Amelinghauser Ortsteil Etzen gelegen, kann man drinnen wie draußen im schönen Garten nach einer ausgedehnten Radtour oder einem Spaziergang im Lopaupark sehr gemütlich wieder zu Kräften kommen.

Hofweg 1, 21385 Amelinghausen
T 04132 8888
cafe-im-speicher.info

LOPAUSEE

BADESEE

Zum Lopautal 235, 21385 Amelinghausen

⊙ 43

Sieht man den Lopausee zum ersten Mal, ist man kurz überrascht. Umgeben von Stadt, einer Bundesstraße und einem beeindruckenden Freizeitangebot, findet man hier überraschend viel Idylle. In den 1970er-Jahren durch Anstauung der Lopau entstanden, kann man in dem etwa zwölf Hektar großen See baden, angeln oder sich im Stand-up-Paddling versuchen. Die gute Infrastruktur mit Toiletten, Parkplätzen, einem Tretbootverleih und Grillplätzen macht es einem leicht, hier den ganzen Tag zu verbringen. Für Familien gibt es am südlichen Ende einen Spielplatz mit großer Liegewiese und einen Erlebnispfad, der dazu einlädt, die umliegende Natur zu entdecken (und mal wieder darüber zu staunen, mit welch anderem Blick Kinder auf die Welt um sie herum schauen). Sportler:innen nutzen die Strecke um den See für ihre Lauf- oder Walkingrunde oder um einen Abstecher in den kleinen Wald nebenan zu machen. In kurz: ein Ort wie eine Pausetaste. In lang: Sommer am See, erst nicht reingehen wollen und dann doch untertauchen, planschen und eine große Runde schwimmen, rausgehen und sich von der Sonne abtrocknen lassen, Tretbootfahren und dem Licht dabei zusehen, wie es irgendwann ganz weich wird, Würstchen grillen, noch eine letzte Runde schwimmen und das Leben sehr mögen.

MARXENER PARADIES

WANDERUNG

Start:
Parkplatz Oldendorfer Totenstatt
21385 Oldendorf (Luhe)

⊙ 44

Wer sich vom Lopausee aus auf den „Sagenhaften Hünenweg"
begibt, landet nach gut 13 Kilometern im Paradies. Zuerst geht es
entlang der Kronsbergheide, danach vorbei an der Oldendorfer
Totenstatt mit ihren Großsteingräbern, schließlich rüber nach
Marxen. Vielstämmige Buchen bilden einen Märchenwald, mittendrin: blühende Wiesen, Heideflächen und ein kleiner Moorsee
im Tal. Der Weg ist zu jeder Jahreszeit schön, aber im Herbst noch
ein wenig schöner, weil im Mischwald die Blätter so bunt leuchten. Wer sich nicht die ganze Strecke antun will, kann auch vor
Ort parken und eine kleine Runde im Paradies gehen.

HOF AN DEN TEICHEN
ERLEBNISHOF MIT CAFÉ UND HOFLADEN

⊙ 45

Früher war hier mal eine recht eindrucksvolle Ziegelei. Jetzt hat wieder die Natur übernommen, und wie: Gänse schnattern, Schafe blöken, Schweine grunzen, Bienen fliegen ihre Kästen inmitten von Ringelblumen an, überall wächst, wuchert und blüht es. Der „Hof an den Teichen" ist ein Erlebnishof, der sich dem Erhalt alter Tierrassen und dem Anbau alter Kulturpflanzen verschrieben hat, die man entlang eines kleinen Rundwanderwegs findet, in dessen Mitte ein grasgesäumter See mit romantisch verwitterten Holzbooten liegt. Lilafarbene Libellen tanzen übers Wasser, Kinder schauen Käfern beim Krabbeln zu – mehr Idylle geht nicht. Hinterher kann man sich im Café ein Stück fluffiger selbst gemachter Torte gönnen und im Hofladen mit frisch geerntetem Obst und Gemüse, Blumen, Fleisch vom Bunten Bentheimer Schwein und Moorschnucken oder mit Likören aus hofeigenen Kräutern versorgen. Der Hof veranstaltet auch Betriebsausflüge und Familienfeiern mit Bogenschießen, Stegbau, Anlegen von Hoch- und Hügelbeeten, Schmiede-, Woll- und Kräuterworkshops.

Heiligenthaler Straße 1, 21335 Lüneburg
hofandenteichen.de

BOOTSHAUS ILMENAU

RESTAURANT

⊙ 46

An der Ilmenau, dem größten Fluss der Lüneburger Heide, kann man nicht nur losschippern, sondern auch prima an Land gehen: Das „Bootshaus" ist ein recht ambitioniertes, rustikal schick eingerichtetes Restaurant. An den Wänden hängen Paddel, an der Decke ein Kanu, zu essen gibt es selbstredend viel Fisch (Matjesfilets, Pannfisch, Mandelforelle), aber auch Veganer:innen und Steak-Liebhaber:innen werden fündig, und zum Dessert legt man mit Grießknödeln oder Crème brulée nach. Um sich hinterher die Frage zu stellen, ob man es jetzt noch schafft, sich ein Kanu zu borgen.

Uelzener Straße 77, 21406 Melbeck
T 04134 900143
bootshaus-ilmenau.de

KANUSTATION MELBECK

BOOTSVERLEIH

◉ 47

Der schönste Fluss in der Lüneburger Heide ist die Ilmenau, die südlich von
Uelzen aus dem Zusammenschluss von Gerderau und Stederau entsteht
und von hier aus durch Heide, Wälder und Felder bis nach Lüneburg mäandert. Toll sind Radtouren auf dem Ilmenauradweg oder auch Kanufahrten
kombiniert mit Badepausen. Die Kanustation in Melbeck, übrigens die einzige
stationäre entlang des Flusses, bietet Touren in jeder Länge an – ob als
Tagesauflug in Richtung Lüneburg und zurück oder nur die Strecke nach
Bienenbüttel, von wo aus es dann mit dem Rad zurückgeht. Bei mehrtägigen
Touren kann man wunderbar auf dem nahe gelegenen Campingplatz auf
den Ilmenauauen oder in den Wohnfässern nahe der Station übernachten.

Uelzener Straße 77, 21406 Melbeck
T 04134 3398915
kanu-rahmann.de

DIE OUTDOORSCHMIEDE
EVENTLOCATION UND UNTERKUNFT

◉ 48

Draußen sein, Natur erleben, Freiheit spüren – die „Outdoorschmiede" weiß, wonach sich Großstädter:innen sehnen. Mit Lagerfeuer-Veranstaltungen im großen Tipi, Floßbau-Workshops oder einfach nur entspannten Wochenenden im Wohnfass locken die Erlebnispädagog:innen und Outdoor-Trainer:innen aus Lüneburg kleine und große Gruppen zu ihrer schönen Outdoor-Location auf den Wiesen oberhalb der Ilmenau. Übernachtet werden kann in Zelten, rustikalen Lodges oder gemütlichen Schlaffässern, die mit großen Doppelbetten ausgestattet und um zwei extra Schlafplätze für Kinder erweiterbar sind. Von der kleinen Sitzecke aus hat man einen schönen Blick auf den nahen Fluss. Sowohl Events als auch Unterkunft unbedingt vorher buchen.

Uelzener Straße 77, 21406 Melbeck
T 0151 26957015
dieoutdoorschmiede.de

HISTORISCHER BAUERN- UND ROSENGARTEN
GARTEN

⊙ 49

Selbstverständlich hat die Heide (wir sprechen hier von der Pflanze, nicht von der Region) ihren ganz speziellen Reiz. Aber manchmal sehnt man sich dann doch nach ein wenig Abwechslung. In Bienenbüttel bekommt man sie. Dort unterhalten die Burmesters einen mehr als 4.000 Quadratmeter großen Bauern- und Rosengarten, der beherzt maximalistisch daherkommt. Zu sehen sind nicht nur zahllose Rosen (vor allem historische Sorten), seltene Bäume, künstlerisch gestaltete Buchsbaumhecken, beeindruckend viele Staudenpflanzen oder eine Buchenlaube, sondern regelrechte Gartenwelten. So kann es einem widerfahren, dass man sich unversehens in einer japanischen Landschaft findet, obwohl man eben noch in der Toskana war, und ein paar Schritte weiter wähnt man sich in einer sehr englischen Idylle. Dieser wundersame Garten ist zwar privat, kann aber nach Anmeldung besichtigt werden.

Hof Burmester-Müller
Im Dorfe 12, 29553 Niendorf/Bienenbüttel
T 05823 342
rosengarten-niendorf.de

LÜNEBURG
STADT

◉ 50

Die Hansestadt Lüneburg zeigt ihren Besucher:innen zwei Gesichter, und beide sind bezaubernd. Einerseits ist da die überwältigende Schönheit der Altstadt mit ihren mittelalterlichen Gebäuden und verwinkelten Gassen, den Kirchen und dem Rathaus, dessen 41 Glocken aus Meissener Porzellan die Melodien des Lüneburger Komponisten Johann Abraham Peter Schulz spielen. Mehr als tausend Gebäude in Lüneburg stehen unter Denkmalschutz – eigentlich ist die Stadt ein einziges Flächendenkmal. Andererseits ist Lüneburg quicklebendig und sehr jung. Das liegt an der Leuphana-Universität, deren 8.000 Student:innen ein Zehntel der Bevölkerung ausmachen. Gemessen an Größe und Einwohnerzahl herrscht in Lüneburg die größte Dichte an Kneipen aller deutscher Städte, und vor allem im Sommer kommt es einem so vor, als würde die Altstadt nur aus Eiscafés, Coffee-Shops und Gasthöfen bestehen. Aber man kann auch gut shoppen. In Lüneburg sind viele kleine und mittelständische Unternehmen angesiedelt, weswegen man hier vergleichsweise wenige der sonst üblichen Modeketten findet. Im Sommer ist ein Besuch im Wasserviertel und auf dem Stintmarkt Pflicht, nirgendwo in Norddeutschland geht es lockerer zu. Und der historische Hafenkran von 1797, Wahrzeichen der Stadt, fasziniert nicht nur kleine Kinder.

Tourist-Information Lüneburg
Am Markt, 21335 Lüneburg
T 04131 2076620
lueneburg.info

SAMOWAR TEA & RECORDS
TEESTUBE UND LADENCAFÉ

⊙ 51

Ein Ort, der gut auch in eine dieser bezaubernden
romantischen Komödien passen könnte, die in
London spielen, mit Hugh Grant in der Hauptrolle.
Gemütliche Teestube, in der lauter Leute werkeln,
die ihr Ding durchziehen, weil es ein richtig gutes
Ding ist – erstens Tee (mehr als 250 Sorten, was
Entscheidungen schon mal schwer machen kann),
zweitens erstklassige Scones, drittens ein prima
Frühstück, viertens ein hauseigenes Mode-Label,
das ziemlich lustige und fair produzierte T-Shirts,
Taschen und Turnbeutel macht, und fünftens eine
große Liebe zur Musik, weswegen es hier auch
ein toll kuratiertes Angebot von Indie-, Singer-
Songwriter- und Neo-Folk-CDs und hin und wieder
Konzerte gibt. So schnell kommt man aus dem
„Samowar" nicht mehr weg.

Am Sande 33, 21335 Lüneburg
T 04131 47828
tea-and-records.de

BELL & BEANS

CAFÉ

⊙ 52

Falls Sie zu den Menschen gehören, die ohne kompetent zubereiteten Kaffee nicht leben wollen und für die ein:e Barista mehr ist als bloß jemand, der ein bisschen an einer Maschine herumfummelt, werden Sie im „Bell & Beans" sehr glücklich werden. Falls Sie Kaffee zwar mögen, Ihnen aber Bagels, Açai Bowls, gut abgeschmeckte Säfte oder vegane Frühstücksalternativen wichtiger sind, ist das „Bell & Beans" ebenso richtig für Sie. Gut aussehen tut es dort auch noch: stylishes Geschirr, hohe, lichtdurchflutete Räume, viel Weiß.

Glockenstraße 1, 21335 Lüneburg
T 04131 8647120
bellandbeans.de

AVENIR

CAFÉ UND FEINKOSTLADEN

☉ 53

Trinken hilft. Jedenfalls im „Avenir". Das Café im Heinrich-Böll-Haus wurde 2013 von fünf Studierenden gegründet, um nachhaltigen Konsum zu fördern – durch fair gehandelte Bohnen (es gibt sogar eine eigene Hausmarke, die Lünebohne), Biokuchen, kleine Speisen aus regionalen Zutaten, Craftbeer aus kleinen Betrieben. Das Schöne ist: Man muss sich mit all dem nicht einmal beschäftigen. Es reicht völlig, im „Avenir" einzukehren oder einzukaufen, um die Welt ein klein wenig besser zu machen.

Katzenstraße 2 (Im Heinrich-Böll-Haus)
21335 Lüneburg
a-venir.de

HEINRICH-HEINE-HAUS

SEHENSWÜRDIGKEIT

⊙ 54

So richtig verliebt in Lüneburg war Heinrich Heine nie. Er nannte die Stadt eine „Residenz der Langeweile" und eine „altertümliche Provinzstadt". Er kam auch nicht aus freien Stücken hierher, sondern um seine Eltern zu besuchen, die im Obergeschoss dieses Hauses fünf Jahre lebten, nachdem sie aus Düsseldorf geflohen waren. Immerhin schrieb Heine hier viele – gar nicht so triste – Gedichte. Heute beherbergt das Backsteinhaus aus dem 15. Jahrhundert ein Trauzimmer des Standesamts (es gilt als das schönste in Norddeutschland), das Literaturbüro und eine Stipendiatenwohnung für Schriftsteller:innen, die so dem Geist des großen Spötters wohl besonders nahekommen sollen. Seit den Renovierungen Ende der 1990er-Jahre kann man auch wieder die schönen Deckenbemalungen bewundern.

Am Ochsenmarkt 1, 21335 Lüneburg
T 04131 3090
lueneburger-heide.de

ST. NICOLAI

KIRCHE

☉ 55

Kopf in den Nacken legen, schauen: Da oben ist Gott. Der Turm der Nicolai-Kirche ist 92 Meter hoch, das Mittelschiff fast 29 Meter, abgeschlossen durch ein Sternengewölbe. Die Backsteinbasilika, zwischen 1407 und 1440 erbaut, im Laufe der Jahrhunderte immer wieder beschädigt (mal schlug ein Blitz ein, mal gab der Grund nach), wieder instand gesetzt, erweitert, vervollständigt (1899 kam eine Orgel in die Kirche), ist ein eindrucksvolles Beispiel dafür, wie die norddeutsche Backsteingotik Glauben in Gebäude überführte – schlicht, erhaben, streng, den Blick und den Geist nach oben lenkend. Im Dezember sind die Räume der Kirche stimmungsvoll illuminiert.

Lüner Straße 15, 21335 Lüneburg
T 04131 2430770
st-nicolai.eu

BLAENK

CAFÉ UND BAR

⊙ 56

Unten am Hafen mit Blick auf den alten Kran lädt das „Blaenk" Besucher:innen zu leckeren Limos, gutem Kaffee, frisch gebackenem Kuchen sowie Suppen und anderen kleinen Happen ein. Das Ambiente ist unkompliziert und skandinavisch schlicht. Bis in die Nacht hinein trifft man sich hier zum Klönschnack, kann die kaputten Füße ausruhen, bevor es vielleicht noch eine Runde auf den nahe gelegenen Stintmarkt geht, und interessante Menschen kennenlernen – im „Blaenk" gibt es recht abgefahrene Veranstaltungen wie Nachtflohmärkte oder das „elektronische Café".

Lünertorstraße 20, 21335 Lüneburg
T 0176 44256295
barblaenk.com

VISCVLE
RESTAURANT UND BAR

◉ 57

Wahrscheinlich das hippste Restaurant in
Lüneburg: Es gibt jede Menge Tatar und
Burger (darunter so interessante Kreationen
wie den „Tunaburger im ofenfrischen Black
Brioche mit Wasabi-Mayo, fermentierten
Radieschen und aromatischen Wildkräutern"),
aber immer auch vegetarische und vegane
Gerichte; und es gibt über 120 verschiedene
Sorten Gin, auch sehr exotische Sorten. Der
vermeintlich exotische Name ist übrigens bloß
altmodisch: Hier lebte vor Jahrhunderten
eine Kaufmannsfamilie namens Viscvle, die
sich nach einer fischreichen Vertiefung in der
Ilmenau benannt hatte – einer Fischkuhle.

Salzstraße am Wasser 3–5, 21335 Lüneburg
T 04131 2840395
viscvle.de

ROTER HAHN

SEHENSWÜRDIGKEIT

⊙ 58

Im historischen Gebäudekomplex Roter Hahn wurden im 15. Jahrhundert bedürftige Menschen versorgt. Wohlhabende Bürger:innen organisierten die Fürsorge in Stiftungen, finanzierten in den sogenannten „Gottesbuden" Armenwohnungen und Krankenstationen. Die Häuser gegenüber der Lüneburger Kneipenmeile am Stintmarkt wurden in den letzten Jahren liebevoll restauriert und bieten auch heute noch günstigen Wohnraum. Das Fachwerk-Ensemble mit den winkeligen Treppen und dem Kräutergärtchen im Innenhof ist definitiv einen Besuch wert.

Rotehahnstraße 12, 21335 Lüneburg

KREIDEBERGSEE

NAHERHOLUNGSGEBIET

⊙ 59

Ein Salzwassersee im Binnenland? In der Tiefe des Lüneburger Kreidebergsees vermischt sich das Brackwasser mit solehaltigem Grundwasser aus dem Bereich des Lüneburger Salzstocks. Das sorgt für ein recht einzigartiges Ökosystem mit seltenen Faltern, Vögeln (Strandsimsen-Röhrichte) und Heuschrecken. Durch Gipsabbau entstanden, wurde der heute bis zu 30 Meter tiefe See in den 1980ern zum Naherholungsgebiet. Baden darf man aber nicht – aus Sicherheitsgründen. Es gibt hier viele Untiefen und wechselnde Kalt- und Warmwasserströmungen, und auf dem Grund liegt immer noch viel Bauschutt.

Am Kreidebergsee, 21339 Lüneburg

SINIKKA HARMS

ATELIER UND LADEN

⊙ 60

Zartes Blau, schillerndes Türkis, Muschelgrün, Eierscha-
lenweiß, erdiges Braun: Die Farben der Schalen, Teller,
Becher und Schüsseln, die die Keramikerin Sinikka Harms
an ihrer Drehscheibe formt, machen auf den ersten Blick
glücklich. Dann fasst man sie an und wird noch ein wenig
glücklicher. In einem versteckten Winkel im Süden der
Lüneburger Heide liegt Harms' verwunschenes Fachwerk-
haus, in dem sie wohnt und arbeitet. Auf Anmeldung kann
man vorbeikommen, ihr vielleicht sogar dabei zuschauen,
wie sie gerade einen Teller formt und das Messer durch den
Ton gleiten lässt. Aber vor allem kann man ihre Produkte
in die Hand nehmen. Bei vielen lässt sie den Ton völlig
unbehandelt, weil das beim Anfassen ein warmes und sei-
diges Gefühl erzeugt. Mittlerweile ordern Restaurants aus
Hamburg, Berlin, Paris und Island ihr Geschirr.

Osterberg 2, 29565 Wriedel-Brockhöfe
T 05829 9881444
sinikkaharms@hotmail.com
sinikkaharms.de

ALTE ESSIGFABRIK
VERKAUF VON KUNSTHANDWERK

⊙ 61

Bis nach dem Zweiten Weltkrieg wurde hier in großen Mengen Essig produziert. Heute ist das 10.000 Quadratmeter große Gelände ein Abenteuerland
für Hobbyfotograf:innen und Menschen, die gern in alter Geschichte und
alten Gemäuern stöbern. In den ehemaligen Produktionsgebäuden erwacht
allmählich neues Leben. Geplant sind unter anderem ein Café und ein Bier-
garten, doch den Anfang hat der neue Besitzer in einer der riesigen Ziegel-
hallen mit einem Laden für Kunsthandwerk gemacht. Eine Holzmanufaktur
verarbeitet alte Eichenfässer oder die Trägerhölzer der ehemaligen Fabrikan-
tenvilla zu individuellen Geschenken wie Kerzenständern. Daneben gibt es
eine große Auswahl an Produkten aus Beton, Keramik, Papier, Glas oder Stoff,
alle von Kunsthandwerker:innen aus der Umgebung angefertigt. Auch eine
Gewürzmanufaktur ist hier neuerdings tätig – im Angebot verschiedene Salze,
Grillgewürz- und Pfeffermischungen wie das Argentinische Steakgewürz.

Alte Salzstraße 1, 29574 Ebstorf
T 05822 8219606
ebstorfer-essig.de

SUDERBURG UND WRESTEDT

RADTOUR (48 KM)

◉ 62

Durch Natur radeln und sich dabei kulturgeschicht-
lich bilden – dazu lädt diese 48 Kilometer lange
Rundtour ein. Sie startet am historischen Bahnhof
Suderburg, führt durch Suderburgs verträumten
Ortskern und danach entlang des Wassererlebnispfa-
des Hardautal über bunte Wiesen und durch kleine
Wäldchen. Die Luft ist herrlich frisch hier, und schon
bald kann man die 1321 errichtete und 1825 wieder
aufgebaute Holxer Mühle hören, deren Wasserrad sich
unter hohen Kastanien dreht. Über lauschige Feld-
wege geht es zum Schloss Holdenstedt, wo man unter
anderem die Werke des Heidschnucken-Malers
Georg Wolf bestaunen kann – und entlang des plät-
schernden Bornbachs weiter nach Wrestedt mitten
im Naturwald Altes Gehege. Dem Elbe-Seitenkanal
folgend und durch das friedliche Klein Bollensen
radelt man weiter durch die Wierener Berge (die ma-
ximal 136 Meter hoch sind, einem also keine Angst
machen müssen). Auf dem Weg zum Ziel passiert man
noch die Siedlung Klein London, Südheiden-Wälder,
die Örtchen Räber und Olmsruh.

Start: Am Bahnhof 1, 29556 Suderburg
radregion-uelzen.de

HARDAUSEE
BADESEE

⊙ 63

Rund um das Museumsdorf Hösseringen erstreckt sich eine von Heideflüssen durchzogene Landschaft, darunter auch die Hardau, die einen acht Hektar großen künstlichen, als Talsperre entstandenen See speist. Wer den Wassererlebnispfad entlangwandert, kommt hier vorbei und kann eine mehr als verdiente Pause einlegen. Entweder mit einem Sprung ins kalte Wasser (es lohnt sich, wenn man einmal drin ist!) oder mit einem kühlen Bierchen neben dem „Kiosk am Hardausee". Der hat von April bis Oktober geöffnet, verkauft Currywurst, Pommes und Gulaschsuppe und vermietet Tretboote und Kanus.

Hellbergsweg, 29556 Hösseringen
T 05826 950480
heideregion-uelzen.de

BIOGUT BAUCK

HOFLADEN, GASTRONOMIE UND SAFARI

Bergstraße 30, 29389 Bad Bodenteich
T 05824 2346
henning-bauck.de

◉ 64

Der perfekte Tag auf dem fast 300 Hektar großen Hof von Biolandwirt und Steakmeister Henning Bauck sieht für die meisten Besucher:innen ziemlich sicher so aus: erst einen Kaffee auf der großen Außenterrasse trinken, während die Kinder sich auf dem Spielplatz und im Streichelgehege austoben. Danach nimmt man auf der zweistündigen Nutztiersafari im offenen Wagen Schnauzenkontakt mit amerikanischen Prärie-Bisons, asiatischen Yaks, europäischen Wasserbüffeln, Lamas oder Kamelen auf. Am Abend gibt es dann Steak vom Angus-Rind und Bentheimer Landschwein oder hausgemachte Bratwürste aus Wild und Lamm. Bei Bauck kommt alles aus einer Hand: Züchtung, Haltung, Schlachtung, Verarbeitung und schließlich der Verkauf der Produkte im Restaurant und Hofladen. Wer einen der Camperplätze für eine Nacht ergattert hat, kann nach dem Essen weinselig direkt ins Bett fallen und am Morgen mit einem Blick in die neugierigen Känguruaugen aus dem Gehege nebenan aufwachen.

Fischbeker Heide | Harburg

Kantor-Schulz-Weg | Harburg

DIE WOCHENENDER-REIHE

DAS REISEBUCH ZUM RUNTERKOMMEN

**NORDSEEKÜSTE
SCHLESWIG-HOLSTEIN**
*Dithmarschen, Eiderstedt,
Nordfriesland, Halligen*

ISBN: 978-3-9822646-4-6

NORDSEEKÜSTE
*St. Peter-Ording,
Eiderstedt*

ISBN: 978-3-9819748-7-4

**OSTSEEKÜSTE
LÜBECKER BUCHT**
*Von Hohwacht bis Wismar
mit Insel Fehmarn*

ISBN: 978-3-9822646-5-3

**HOFLÄDEN UND
MANUFAKTUREN**
um Hamburg

ISBN: 978-3-9819748-8-1

SEEN UND WÄLDER
um Hamburg

ISBN: 978-3-9822646-6-0

**LIEBLINGSORTE FÜR
FAMILIEN**
in und um Hamburg

ISBN: 978-3-9822646-2-2

DIE ELBE
Von Cuxhaven bis
Wittenberge

ISBN: 978-3-9819748-4-3

LÜNEBURGER HEIDE
Harburg, Heidekreis,
Lüneburg

ISBN: 978-3-9822646-7-7

LIEBLINGSORTE UM
MÜNCHEN
Tagestouren und Kurztrips

ISBN: 978-3-9822646-3-9

BRANDENBURG
NORDOSTEN
Uckermark, Barnim,
Märkisch-Oderland

ISBN: 978-3-9822646-0-8

BRANDEBURG
SÜDWESTEN
Potsdam, Potsdam-Mittelmark,
Brandenburg an der Havel,
Teltow-Fläming

ISBN: 978-3-9819748-9-8

MECKLENBURG-
SCHWERIN
Nordwestmecklenburg,
Schwerin, Ludwigslust-
Parchim

ISBN: 978-3-9822646-1-5

IMPRESSUM

HERAUSGEBERIN
Elisabeth Frenz
Frenz Verlag GmbH
Hinter der Lieth 2
22529 Hamburg

IDEE & KONZEPT
Elisabeth Frenz

FOTOGRAFIE
Yvonne Schmedemann: S. *65–67, 74–75, 78–79, 131–139, 142–153, 188–189*
Doro Zinn: S. *24, 30–39, 47–64, 69–73, 77, 81, 84–85, 91–93, 96–101, 107–111, 115–125, 154–175*
Finn Boxhammer: S. *17, 18 oben, 19, 26–27, 40–45, 104*
Isadora Tast: S. *29, 141, 178–179, 184–185*

Uta Gleiser: S. *181–183*; Nina Struve: S. *177*
Adobe Stock: S. *18 unten, 83, 186–187*
Freilichtmuseum Kiekeberg: S. *20–21, 25*
Jan Walter: S. *105*; Chili Manufaktur: S. *113*
Lüneburger Heide GmbH: S. *8–11, 95, 103*
IStockphoto: *Cover*

ART DIREKTION
Alisa Karabut

TEXTCHEFS
Okka Rohd, Peter Praschl

TEXT & REDAKTION
Isabell Spilker, Sabrina Waffenschmidt, Beatrix Gerstberger

KARTENILLUSTRATION
Hana Sedelmayer, Amelie Graalfs

BILDBEARBEITUNG
Martina Drignat

SCHLUSSREDAKTION
BHL Medienprojekte

Alle Bücher der WOCHENENDER-Reihe sind im Buchhandel, in ausgewählten Concept Stores sowie über **wochenender-buch.de** erhältlich.

Blog: wochenender-buch.de
Instagram: @wochenender_buch

Facebook: @wochenender
Pinterest: @wochenender

4. Auflage, Mai 2022
Druck und Bindung: optimal media GmbH, Röbel/Müritz
© Frenz Verlag GmbH, Hamburg 2022

ISBN: 9978-3-9822646-7-7

hallo@frenz-verlag.de
wochenender-buch.de